Impressum
Verlag: BABADADA GmbH, Nedderfeld 112 , 22529 Hamburg
Geschäftsführer / Verlagsleitung: Harald Hof
Druck: Books on Demand GmbH, In de Tarpen 42, 22848 Norderstedt

Imprint
Publisher: BABADADA GmbH, Nedderfeld 112 , 22529 Hamburg, Germany
Managing Director / Publishing direction: Harald Hof
Print: Books on Demand GmbH, In de Tarpen 42, 22848 Norderstedt

école

baruumsaa

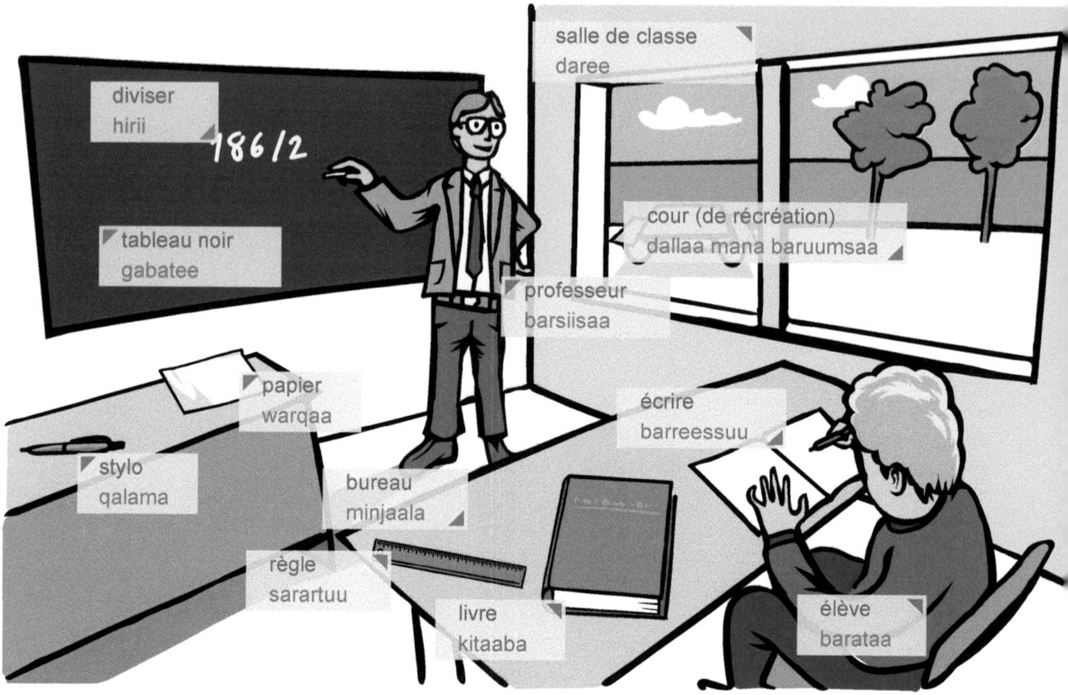

salle de classe
daree
diviser
hirii
186/2
tableau noir
gabatee
cour (de récréation)
dallaa mana baruumsaa
professeur
barsiisaa
papier
warqaa
écrire
barreessuu
stylo
qalama
bureau
minjaala
règle
sarartuu
livre
kitaaba
élève
barataa

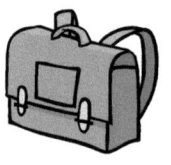

cartable

korojoo baattamu

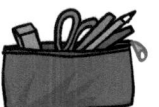

trousse

teessoo irsaasii

crayon

irsaasii

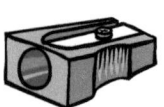

taille-crayon

qartuu irsaasii

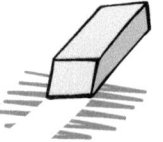

gomme

haqxuu

carnet à dessin

paadii fakkii

dessin

fakkii

pinceau

burusha halluu

boîte de peinture

saanduqa halluu

ciseaux

maqasa

colle

maxxansituu

cahier d'exercices

daftara

devoirs

hojii manaa

chiffre

lakkoofsa

2+2

additionner

ida'ii

5-2

soustraire

hir;isi

2x2

multiplier

bay;isi

calculer

heerregii

A

lettre

xalayaa

ABCDEFG
HIJKLMN
OPQRSTU
VWXYZ

alphabet

tarree qubee

mot

jecha

texte

kitaaba barataa

lire

dubbisuu

craie

biroonkii

leçon

baruumsa

livre de classe

galmeessuu

examen

qormaata

certificat

raga barreeffamaa

uniforme scolaire

uffata mana baruumsaa

formation

barnoota

lexique

insaaykiloopeediyaa

université

yuunivarstii

microscope

maaykiroos kooppii

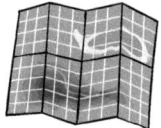

carte

kaartaa

corbeille à papier

qircaata gatoo

voyage
imala

hôtel
hoteela
Grand
auberge
hosteela
ROOMS
bureau de change
biiroo de cheenjee
CHANGE
valise
shaanxaa kafanaa
voiture
konkolaataa

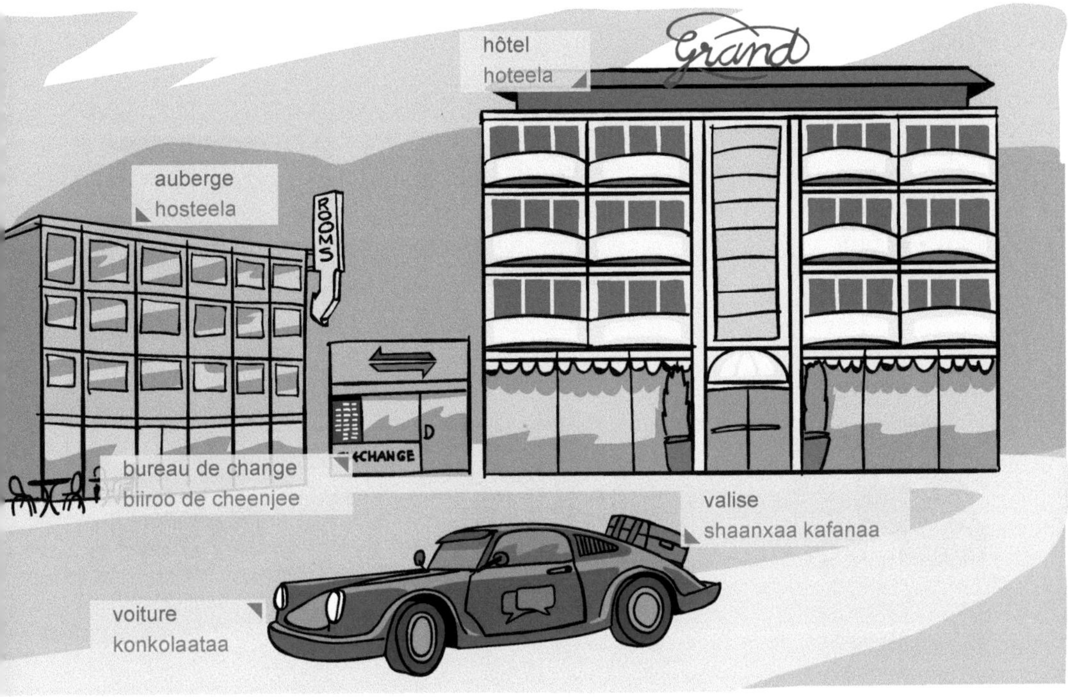

langue

afaan

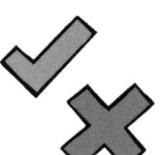

oui / non

eyyeen / mitii

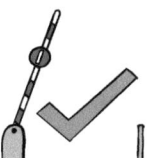

d'accord

haa ta'u

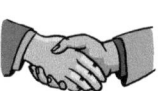

Salut

heloo

interprète

turjmaana

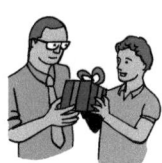

merci

galatoomaa

Combien coûte...?

meeqa

Je ne comprends pas

naaf hingalle

problème

rakkoo

Bonsoir !

akkam ooltan

Bonjour !

akkam bultan?

Bonne nuit !

halkan gaarii

Au revoir

nagaatti nagaatti

direction

kallattii

bagages

ba'aa imalaa

sac

korojoo

sac-à-dos

ba'aa dugdaa

hôte

keessummaas

pièce

kutaa

sac de couchage

korojoo hirriibaa

tente

dukkaana

office de tourisme

odeeffannoo turistii

plage

qarqara haroo

carte de crédit

kireedit kaardii

petit-déjeuner

ciree

déjeuner

laaqana

dîner

irbaata

billet

tikkeetii

ascenseur

liiftii

timbre

chaappaa

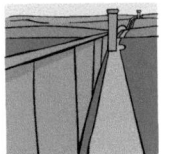

frontière

daangaa

douane

barmaatilee

ambassade

embaasii

visa

viizaa

passeport

paasspoortii

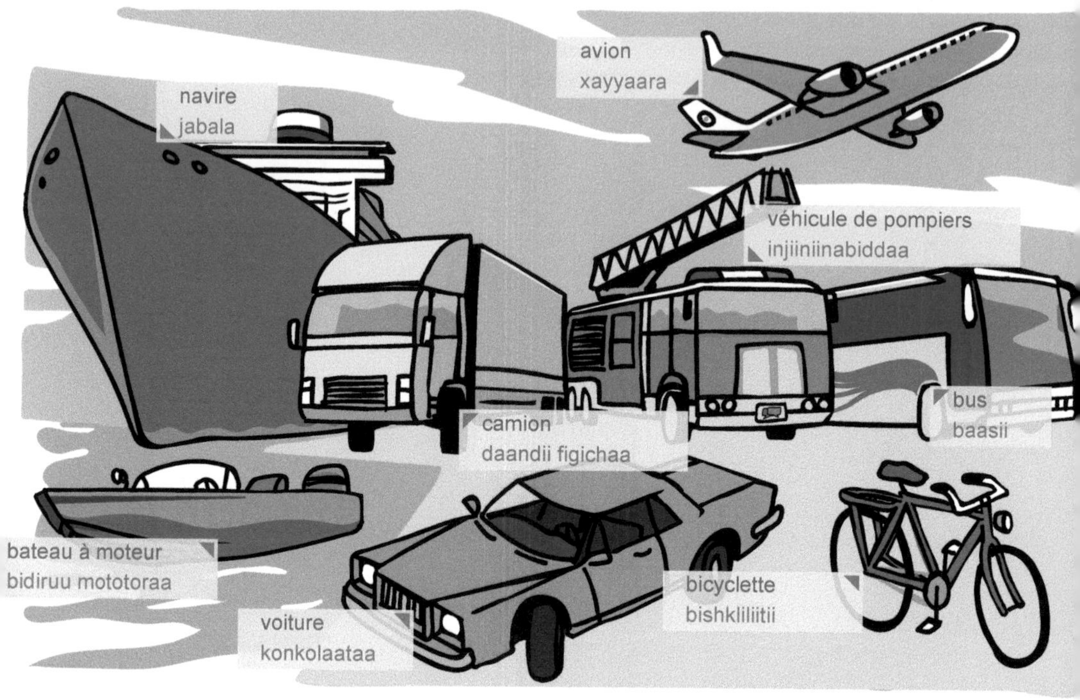

avion
xayyaara

navire
jabala

véhicule de pompiers
injiiniinabiddaa

camion
daandii figichaa

bus
baasii

bateau à moteur
bidiruu mototoraa

bicyclette
bishkliliitii

voiture
konkolaataa

ferry
bidiruu deeddebii

barque
bidiruu

moto
doqdoqqee

voiture de police
konkolaataa foolisaa

voiture de course
konkolaataa dorgommii

voiture de location
konkolaataa kiraa

auto-partage

konkolataa waliin gahuu

voiture de remorquage

marsaa boqqoonna

benne à ordures

daandii dhorkaa

moteur

motora

essence

boba'aa

station d'essence

buufata boba'aa

panneau indicateur

mallattoo tiraafikaa

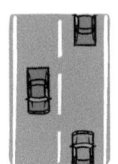

trafic

tiraafika

embouteillage

cuccufaa daandii
konkolaataa

parking

dhaabbii konkolaataa

gare

buufata baburaa

rails

konkolaataa guddaa

train

baabura

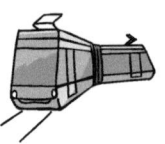

tramway

baabura eleektirikaa

wagon

gaarii fardaa

hélicoptère

helikooftara

aéroport

buufata xayyaaraa

tour

qooxii

passager

keessummaa

conteneur

konteenara

carton

kaartunii

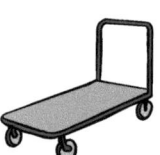

chariot

gaarii

corbeille

qirccaata

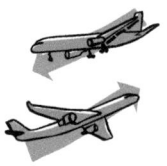

décoller / atterrir

barrisuu / qubachuu

ville

magaalaa gudaa

village

araddaa

centre-ville

handhuura magaalaa

maison

mana

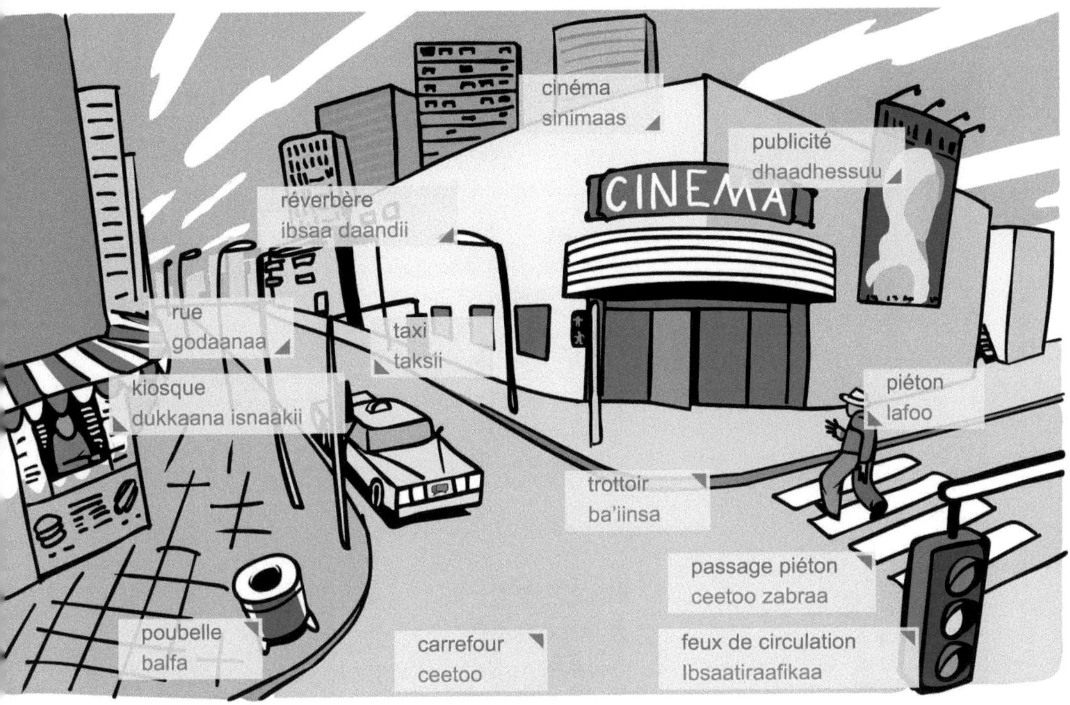

cinéma
sinimaas

publicité
dhaadhessuu

réverbère
ibsaa daandii

CINEMA

rue
godaanaa

taxi
taksii

piéton
lafoo

kiosque
dukkaana isnaakii

trottoir
ba'iinsa

passage piéton
ceetoo zabraa

poubelle
balfa

carrefour
ceetoo

feux de circulation
Ibsaatiraafikaa

cabane
godoo

appartement
diriiraa

gare
buufata baburaa

mairie
galma magaalaa

musée
muuziyeemii

école
baruumsaa

université
yuunivarstii

banque
baankii

hôpital
hospitaala

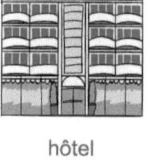

hôtel
hoteela

pharmacie
mana qorichaa

bureau
waajjira

librairie
dukkana kitaabaa

magasin
dukkaana

fleuriste
gurgurtuu abaabo

supermarché
suppar maarkeetii

marché
gabaa

grand magasin
kuusaa dame

poissonnerie
kiyyeessituu qurxxummii

centre commercial
giddu gala gabaa

port
buufata galaanaa

parc
paarkii

banque
tessoo dalgee

pont
riqica

escaliers
sibsaabii

métro
Lafa jala

tunnel
holqa

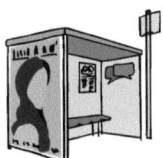

arrêt de bus
buufata konkolaataa

bar
baarii

restaurant
mana nyaataa

boîte à lettres
saanduqa poostaa

panneau indicateur
mallattoodaandii

parcmètre
idoo dhaabbii konkolaataa

zoo
dallaa beeladaa

piscine
haroo daakkaa

mosquée
masgiida

ferme
qonna

pollution
faalama

cimetière
iddoo awwaalchaa

église
charchii

aire de jeux
dirree taphaa

temple
siidaa

paysage

teechuma lafaa

feuille
baala

panneau indicateur
maxxansa beeksiisaa

chemin
karaa

pré
huruufa magariisa

pierre
dhakaa

arbre
muka

randonneur
nama lafoo deemu

rivière
laga

herbe
mrga

fleur
abaaboo

vallée

sulula

montagne

tabba

lac

hara

forêt

bosona

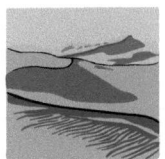

désert

gammoojjii oo;aa

volcan

dhooyinsalafaa

château

masaraa

arc-en-ciel

sabbata waaqqaa

champignon

jaarsa marqoo

palmier

muka teemiraa

moustique

bookee busaa

mouche

balali'uu

fourmis

mixii

abeille

kanniisa

araignée

sarariitii

coléoptère

boombii

grenouille

hurrii

écureuil

shikookkoo

hérisson

xaddee

lièvre

beelada illeentii fakkaatu

chouette

jajuu

oiseau

simbira

cygne

daakkiyyee

sanglier

ifaannaa

cerf

godaa

élan

godaa ameerikaatti argamu

barrage

riqicha

éolienne

tarbaayinii buubbee

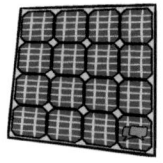

panneau solaire

panaalii soolaarii

climat

haala qilleensaa

restaurant

mana nyaataa

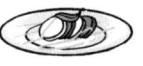

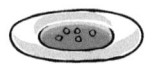

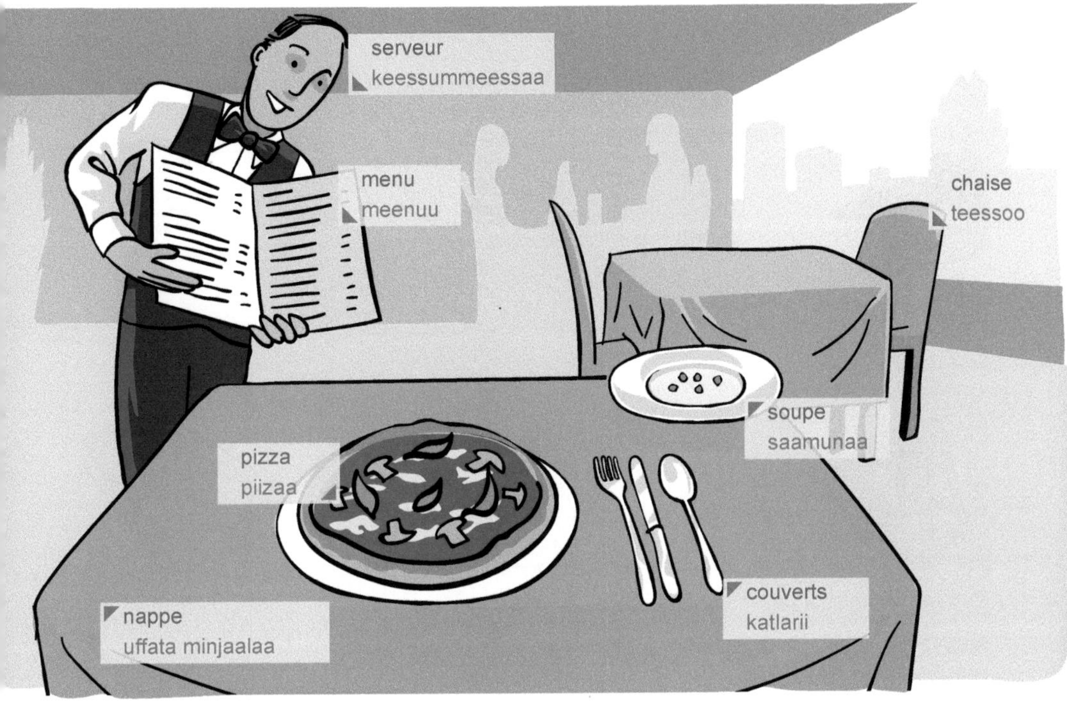
serveur
keessummeessaa
menu
meenuu
chaise
teessoo
soupe
saamunaa
pizza
piizaa
couverts
katlarii
nappe
uffata minjaalaa

hors d'œuvre

calqabsiisaa

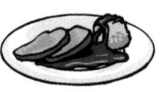

plat principal

madda muummee

dessert

deezaartii

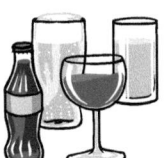

boissons

dhugaatii

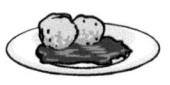

alimentation

nyaata

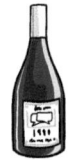

bouteille

qaruuraa

fast-food

nyaata qophaa'aa

plats à emporter

nyaata karaa irraa

théière

markajii shaayii

sucrier

qodaa shukkaaraa

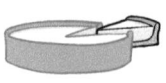

portion

uwwisa

machine à expresso

maashina espereessoo

chaise haute

teessoo ol ka'aa

facture

nagahee

plateau

tirii

couteau

hlbee

fourchette

shuukkaa

cuillère

fal'aana

cuillère à thé

fal'aana shaayii

serviette

uffrata minjaala nyaataa

verre

burcuqqoo

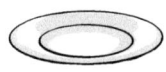

assiette

diiriiraa

assiette à soupe

teessoo saamunaa

soucoupe

teessoo siinii

sauce

sugoo

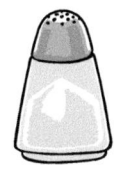

salière

qodaa sooqiddaa

moulin à poivre

daaktuu barbaree

vinaigre

hadhooftuu

huile

zayita

épices

qimamii

ketchup

kachappii

moutarde

sanaafica

mayonnaise

maaynoneezii

supermarché

suppar maarkeetii

offre promotionnelle
kenaa addaa
FOR
client
maamila
produits laitiers
oomish aannanii
fruits
fuduraa
chariot
baabura eelektirikaa

BUTCHERS

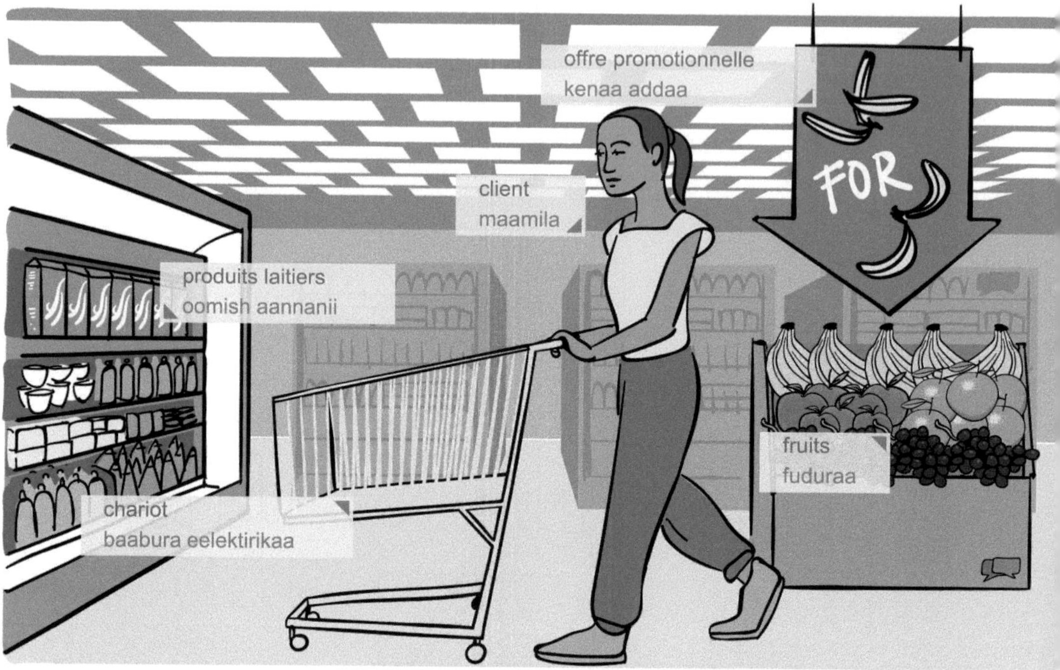

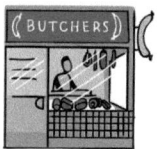

boucherie

mana foonii

BAKERY

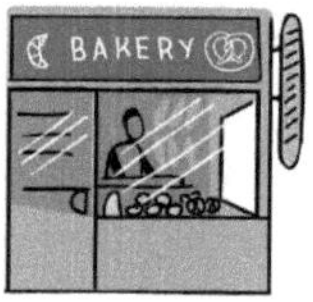

boulangerie

tolchituu

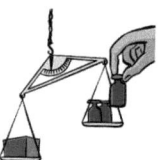

peser

ulfaatina safaruu

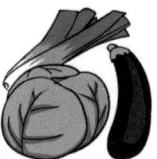

légumes

kuduraa

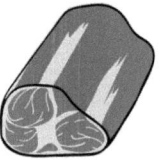

viande

foon

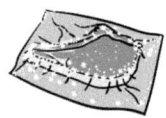

aliments surgelés

nyaataqorraa

charcuterie

foon qorraa

conserves

nyaata samsmaa

poudre à lessive

oomoo

bonbons

mi'aawaa

articles ménagers

oomisha meeshaa manaa

détergents

bu'aa qulqulleessuu

vendeuse

nama gurgurtaa

caisse

hanga

caissier

qarshi qabduu

liste d'achats

taree gabaa

heures d'ouverture

sa'aatii baniinsaas

portefeuille

krojoo qarshii kan dhiiraa

carte de crédit

kireedit kaardii

sac

korojoo

sac en plastique

korojoo pilaastikaa

eau

bishaan

jus de fruit

cuunfaa

lait

aannani

coca

kookii

vin

wayinii

bière

biiraa

alcool

alkoolii

chocolat chaud

kookaa

thé

shaayii

café

buna

expresso

espereesso

cappuccino

kaappuchuunoo

banane

muuzii

pomme

aappilii

orange

burtukaana

melon

meeloonii

citron

loomii

carotte

kaarotii

ail

qullubbii adii

bambou

leemmana

oignon

qullubbii

champignon

jaarsa marqoo

noisettes

godoo

pâtes

gowwaa

spaghetti

ispaageetii

riz

ruuza

salade

salaaxaa

pommes frites

chiipsii

pommes de terre rôties

moose affeelamaa

pizza

piizaa

hamburger

hmbargarii

sandwich

saanduchii

escalope

kotaleetii

jambon

foon booyyee kan luka
fuuiduraa

salami

nyaata mi'eessituu fi
sooggiddan sukkummame

saucisse

sausage

poulet

lukuu

rôti

waaddii

poisson

qurxummii

flocons d'avoine
....
bulluqa aajjaa

muesli
....
masliis

cornflakes
....
fandishaa

farine
....
daakuu

croissant
....
kiroosantii

petits-pains
....
daabboo-

pain
....
daabboo

pain grillé
....
dabboo oo'aa

biscuits
....
buskuuta

beurre
....
dhadhaa

le fromage blanc
....
itittuu

gâteau
....
keekii

œuf
....
buuphaa

œuf au plat
....
buuphaa affeelamaa

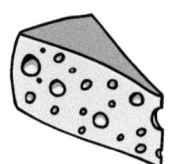

fromage
....
ayibii

glace

aays kireemii

sucre

shukkaara

miel

damma

confiture

marmaalaataa

crème nougat

chokkoleetii bittinnaa'aa

curry

kuurii

alimentation - nyaata

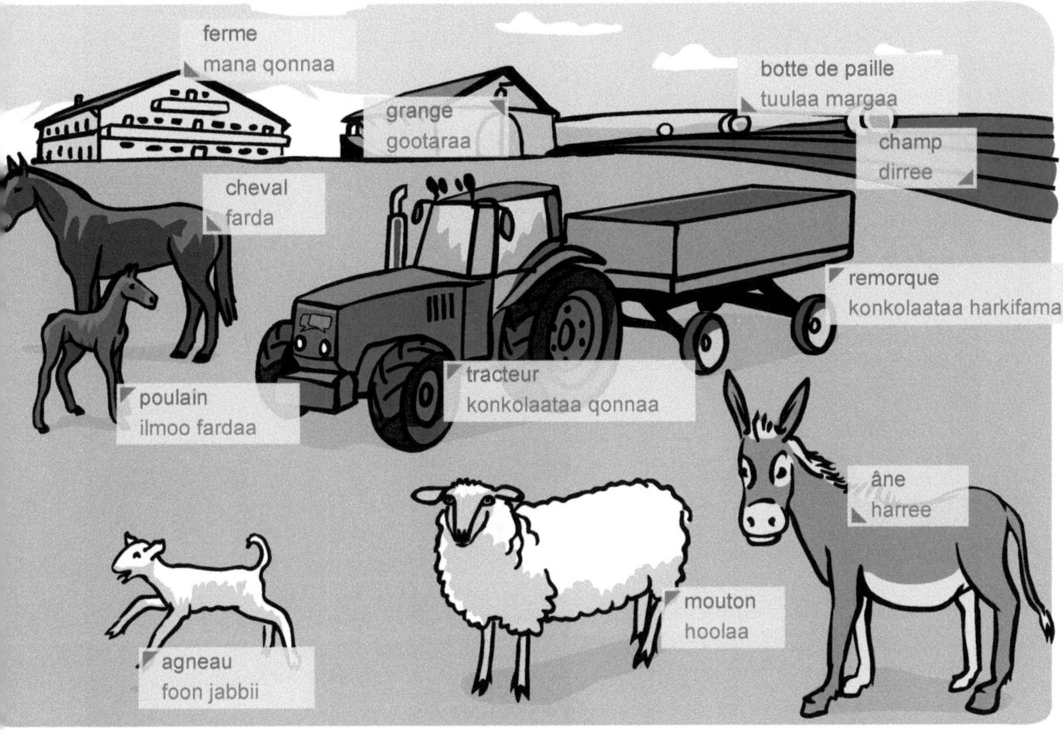

ferme
mana qonnaa

grange
gootaraa

botte de paille
tuulaa margaa

champ
dirree

cheval
farda

remorque
konkolaataa harkifamaa

poulain
ilmoo fardaa

tracteur
konkolaataa qonnaa

âne
harree

mouton
hoolaa

agneau
foon jabbii

chèvre
....
ra'ee

vache
....
sa'a

veau
....
jabbilee

porc
....
booyyee

porcelet
....
ilmoo booyyee

taureau
....
korma

oie

ziyyee

canard

daakkiyyee

poussin

lukkuu

poule

lukkuu haadhoo

coq

lukkuu kormaa

rat

hantuuta

chat

adurree

souris

hantuuta goodaa

bœuf

qotiyyoo

chien

saree

chenil

mana saree

tuyau de jardin

ujjummoo oddoo

arrosoir

kan ittin bishaan obaasan

faucheuse

haamtuu dheeraa

charrue

qotuu

faucille

haamtuu

pioche

gasoo

fourche

manshii

hache

qotoo

brouette

gaarii goommaa

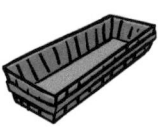

cuve

suluula

pot à lait

meeshaa aannanii

sac

keeshaa

clôture

dallaa

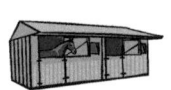

étable

tasgabbii

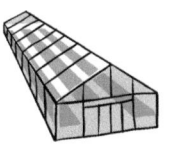

serre

mana biqiltuu

sol

biyyee

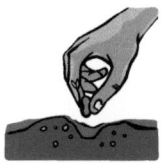

semences

sanyii

engrais

dachee gabbistuu

moissonneuse-batteuse

kmbaayinara haamaa

récolter

haamuu

récolte

haamuu

igname

biqiltuu hundeen isaa
nyaatamu

blé

qamadii

soja

sooy

pomme de terre

moose

maïs

boqqoolloo

colza

raappii siidii

arbre fruitier

muka fudraa

manioc

kzaavaa

céréales

midhaan biilaa

maison
mana

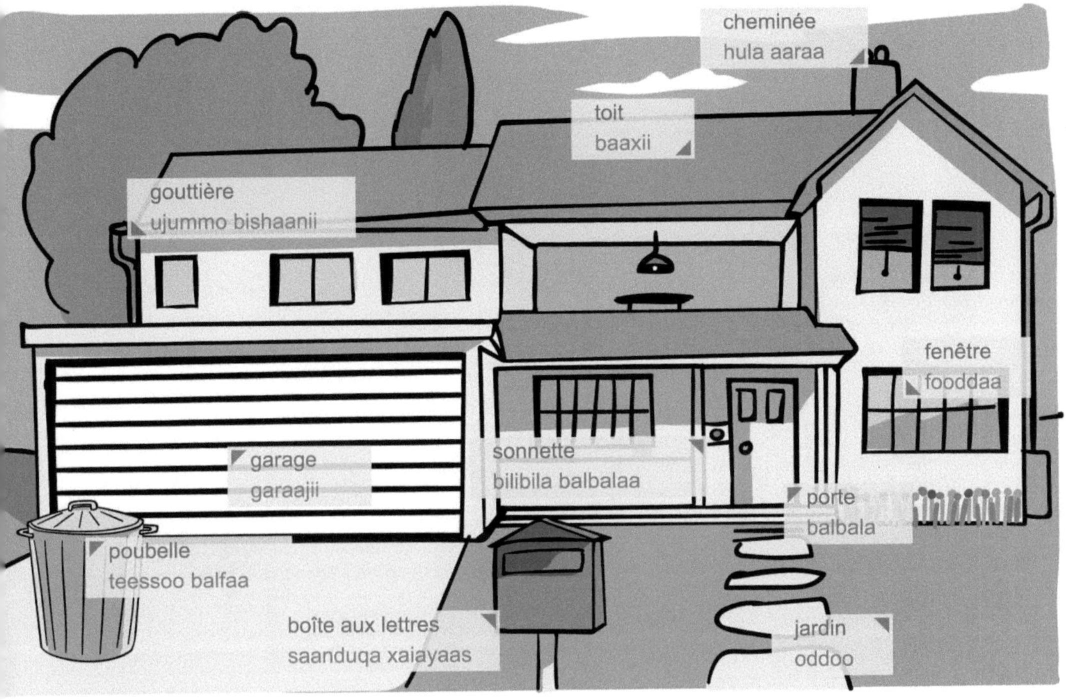
cheminée
hula aaraa
toit
baaxii
gouttière
ujummo bishaanii
fenêtre
fooddaa
garage
garaajii
sonnette
bilibila balbalaa
porte
balbala
poubelle
teessoo balfaa
boîte aux lettres
saanduqa xaiayaas
jardin
oddoo

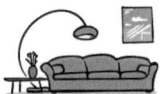

salon

kutaa jireenyaa

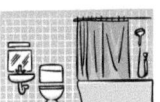

salle de bain

kutaa dhiqannaa

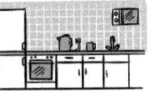

cuisine

mana bilcheessaa

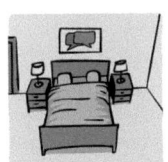

chambre à coucher

kutaa ciisichaa

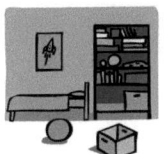

chambre d'enfant

kutaa ijoollee

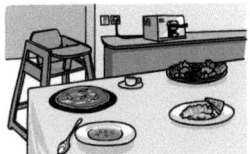

salle à manger

kutaa nyaataa

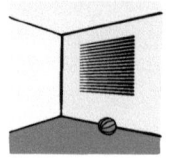

sol

lafa

mur

ededaa

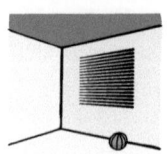

plafond

baaxii

cave

seelaarii

sauna

saawunaa

balcon

baankoonii

terrasse

madaba

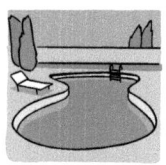

piscine

puulii

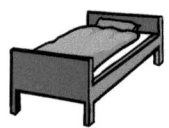

tondeuse à gazon

konkoolaataa haamaa

housse

ansoolaa

couette

uffata siree

lit

siree

balai

hartuu

sceau

baaldii

interrupteur

cufuu

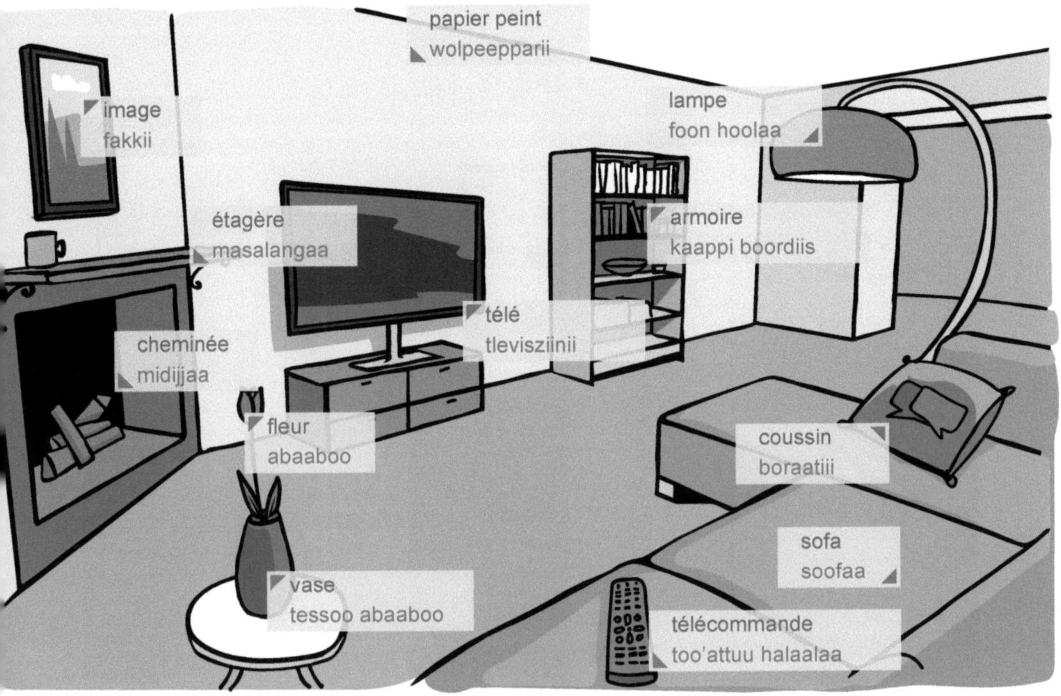

papier peint
wolpeepparii

image
fakkii

lampe
foon hoolaa

étagère
masalangaa

armoire
kaappi boordiis

cheminée
midijjaa

télé
tlevisziinii

fleur
abaaboo

coussin
boraatiii

vase
tessoo abaaboo

sofa
soofaa

télécommande
too'attuu halaalaa

tapis

afata

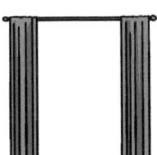

rideau

golgaa

table

minjaala

chaise

teessoo

chaise à bascule

teessoo rarra'aa

fauteuil

teesoo ciqilffannaa

livre

kitaaba

couverture

uffata qorraa

décoration

midhagina

bois de chauffage

muka qoraanii

film

fiilmii

chaîne hi-fi

meeshaa

clé

furtuu

journal

gaazexaa

peinture

dibuu

poster

barjaa

radio

reedyoonii

bloc-notes

daftara yaadanoo

aspirateur

meeshaa eeleektirikaa afata
qulqulleessu

cactus

laaftoo

bougie

dungoo

cuisine
mana bilcheessaa

four à micro-ondes
midijjaa maayikirooweevii
réfrigérateur
firiijii
balance de cuisine
meeshaa bilcheessaa
grille-pain
waaddituu
détergent
saaunaa
four
midijjaa
compartiment congélateur
qabbaneessitu
poubelle
teessoo balfaa
lave-vaisselle
saafaa

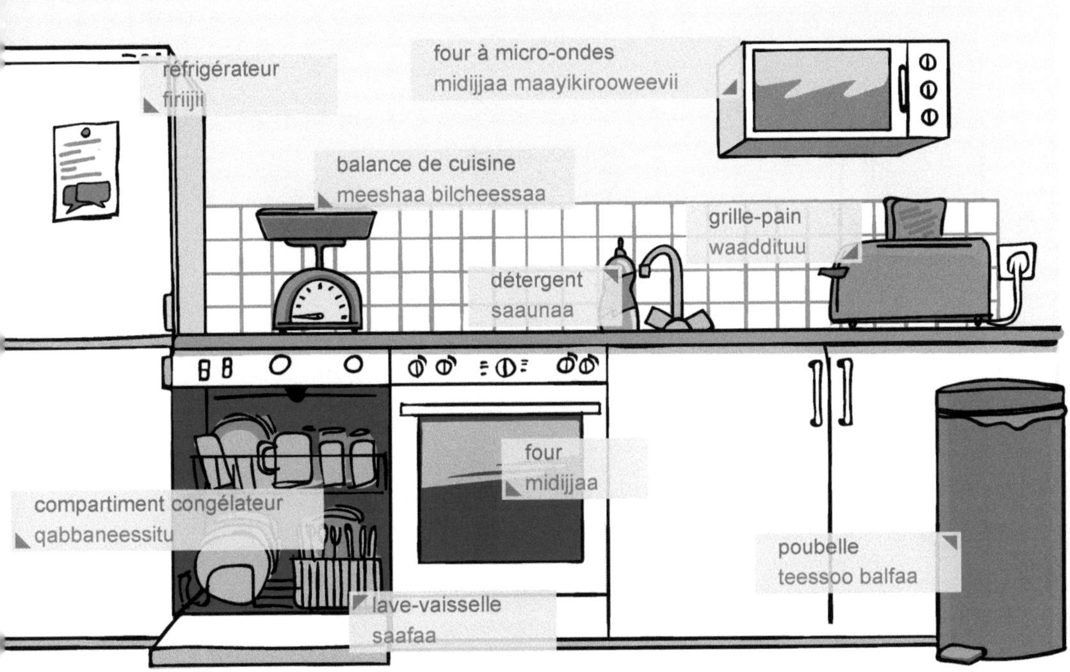

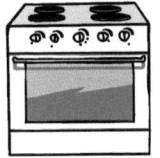

four
bilcheesssituu

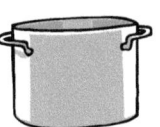

casserole
okkotee

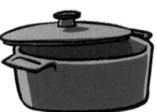

marmite
cast-iron pot

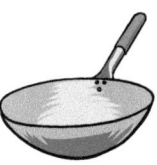

wok / kadai
sataatee

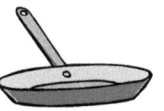

poêle
waaddituu

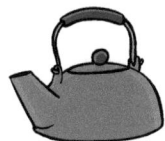

bouilloire electrique
markajii

cuiseur vapeur

jabala humna urkaa

plaque de cuisson

tirii bilcheessaa

vaisselle

bantuu qaruuraa

gobelet

geeba

coupe

sayinaa

baguettes

dibata hidhii

louche

cilfaa

spatule

shuukkaa

fouet

areeda aduurree

passoire

dhimbiibduu

tamis

gingilchaa

râpe

meeshaa farfartuu

mortier

mooyyee

barbecue

waadii abiddaa

cheminée

midijjaa

planche à découper
maktafiyaa

rouleau à pâtisserie
martuu

tire-bouchon
bantuu qaruuraa

boîte
danda'uu

ouvre-boîte
banuu danda'uu

maniques
teesoo okkotee

lavabo
lixuu

brosse
buruushii

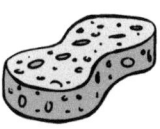

éponge
ispoonjii

mixeur
meeshaa waliin makaa

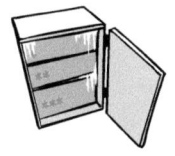

congélateur
qabbaneessaa guddaa

biberon
xuuxxoo

robinet
ujjuummoo

cuisine - mana bilcheessaa

salle de bain
kutaa dhiqannaa

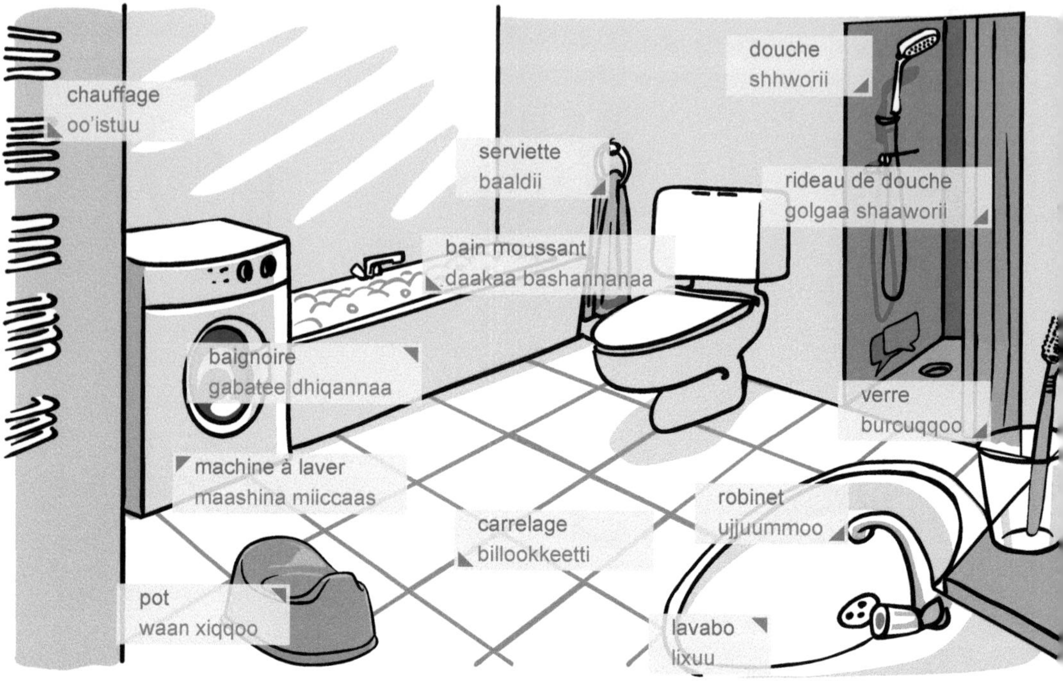

chauffage
oo'istuu
douche
shhworii
serviette
baaldii
rideau de douche
golgaa shaaworii
bain moussant
daakaa bashannanaa
baignoire
gabatee dhiqannaa
verre
burcuqqoo
machine à laver
maashina miiccaas
robinet
ujjuummoo
carrelage
billookkeetti
pot
waan xiqqoo
lavabo
lixuu

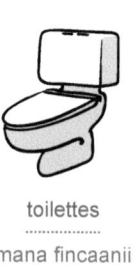

toilettes

mana fincaanii

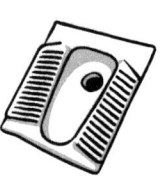

toilette à la turque

mana fincaanii taa'e

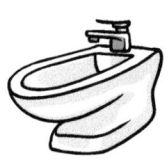

bidet

saafaa

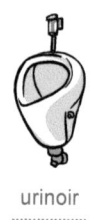

urinoir

sahiinaa mana fincaanii

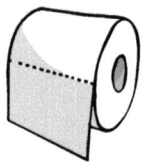

papier toilette

sooftii

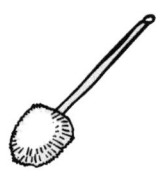

brosse à toilette

burusha mana fincaanii

brosse à dents

buruushii ilkaanii

dentifrice

saamunaa ilkaanii

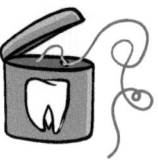

fil dentaire

soqxuu ilkaanii

laver

dhiquu

douche manuelle

qaama dhiqannaa aadaa

douche intime

kan dach

vasque

sulula

brosse dorsale

mana dhiqataa

savon

saamunaa

gel douche

dibata dhiqannaa boodaa

shampooing

shaampuu

gant de toilette

jejuu

écoulement

gogsuu

crème

kireemii

déodorant

dodoraantii

salle de bain - kutaa dhiqannaa

miroir

daawitii

miroir cosmétique

daawitii hrkaa

rasoir

milaacii

mousse à raser

dibata areedaas

après-rasage

diibata areedaa

peigne

filaa

brosse

burusha

sèche-cheveux

qoorsituu rifeensaa

laque pour cheveux

hafuuftuu rifeensaa

fond de teint

meekaappii

rouge à lèvres

lippistiikii

vernis à ongles

qeessa muculiksituu

ouate

jirbii

coupe-ongles

murtuu qeessa

parfum

shittoo

trousse de toilette

korojoo dhiqannaa

tabouret

gatteechuma

pèse-personne

iskeelii ulfaatinaa

peignoir

uffata dhiqannaa

gants de nettoyage

guwaantii pilaastikaa

tampon

moodesii

serviettes hygiéniques

fooxaa qulquulinaa

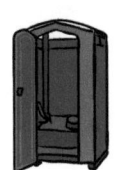

toilette chimique

keemikaala mana fincaanii

chambre d'enfant
kutaa ijoollee

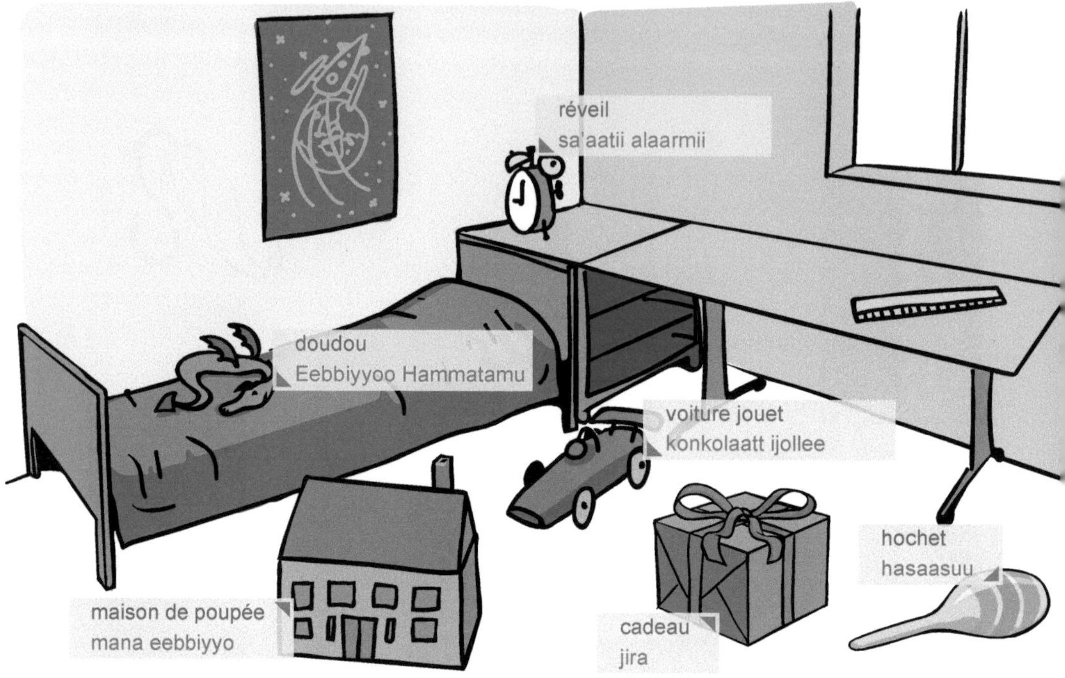

réveil
sa'aatii alaarmii
doudou
Eebbiyyoo Hammatamu
voiture jouet
konkolaatt ijollee
hochet
hasaasuu
maison de poupée
mana eebbiyyo
cadeau
jira

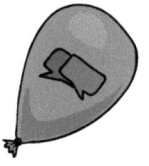

ballon

baaloonii

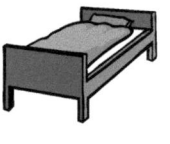

lit

siree

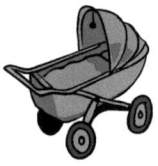

poussette

gaarii daa'imaa

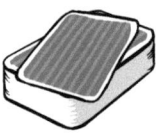

jeu de cartes

Minjaala Kaardii

puzzle

akaafaa

SUPER
MEGA

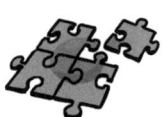

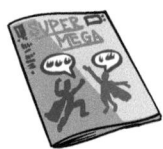

bande dessinée

kofalchiisaa

pièces lego
lego bricks

blocs de construction
dlookii ijaarsaa

figurine
lakkofsa gochaa

grenouillère
guddina daa'imaa

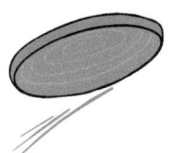

frisbee
saahinaa taphaa

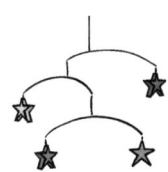

mobile
mobaayilii

jeu de société
gabatee taphaa

dé
kuubii lakk. 1-6 qabu

train miniature
teessuma leenji'aa
modeelaa

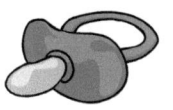

sucette
fakkii

fête
afeerrii

livre d'images
kitaaba fakii

balle
kubbaa

poupée
eebiyyoo

jouer
tapha

bac à sable
boolla cirrachaa

balançoire
hodhuu

jouets
eebbiyyoo

console de jeu
konsoli tapha viidyoo

tricycle
marsaa sadii

ours en peluche
eebiyyo hammatamtu

armoire
sanduqaa dhaabbii

vêtements

cuufinsa

chaussettes
kaalsii

bas
istookingii

collant
taayitii

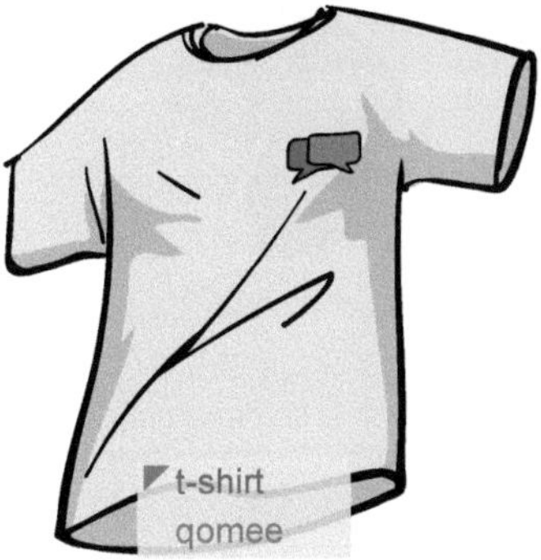

écharpe
guftaa

ceinture
qabattoo

parapluie
dibaaboo

t-shirt
qomee

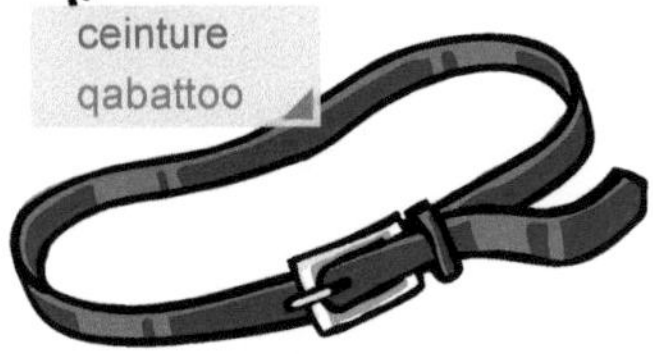

baskets
leenjitoota

bottes
bidiruuwwan

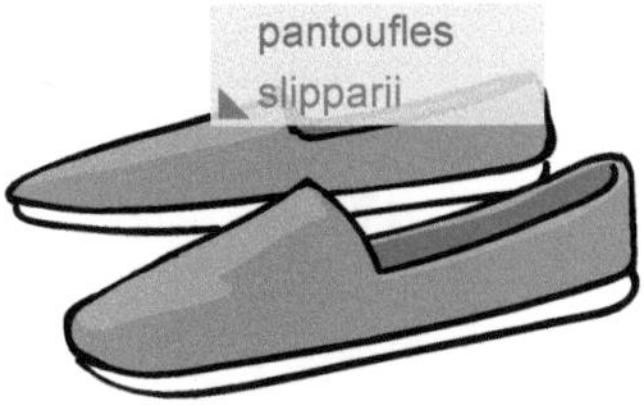

pantoufles
slipparii

sandales

kophee banaa

chaussures

kophee

bottes de caoutchouc

bidiruu pilaastikaa

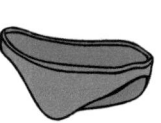

sous-vêtements

butaantaa

soutien-gorge

harmaa

maillot de corps

sadariyyaa

body

qaama

pantalon

kofoo dheeraa

jean

jiinsii

jupe

dalgee

chemisier

shamiza

chemise

shurraaba

pull

shurraaba

sweat à capuche

haaguuggii jaakkeettii

veste

yuunifoormii

veste

jaakkeettii

manteau

kootii

imperméable

kafana roobaa

costume

barsuma

robe

wandaboo

robe de mariée

kafana gaa'ilaa

costume

kafana guutuu

chemise de nuit

uffata halkanii

pyjama

bijaamaa

sari

wandaboo hindii

foulard

guftaa

turban

marata

burqa

burqaa

caftan

jalabiyyaa

abaya

abaya

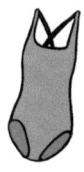

maillot de bain

kafana daakkaa

maillot de bain

mudhii

short

kofoo gabaabaa

tenue d'entraînement

kafanafgichaa

tablier

appiroonii

gants

guwwaantii

bouton

furtuu

lunettes

burcuqqoowwan

bracelet

gumee

collier

amartii

bague

qubeelaa

boucle d'oreille

glii

bonnet

geeba

cintre

fanoo kootii

chapeau

qoobii

cravate

karbaata

fermeture éclair

ziippii

casque

heelmeetii

bretelles

collee

uniforme scolaire

uffata mana baruumsaa

uniforme

yuunifoormii

bavoir

kafana gorooraa

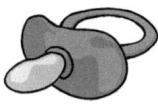

sucette

fakkii

lange

naappii

bureau
waajjira

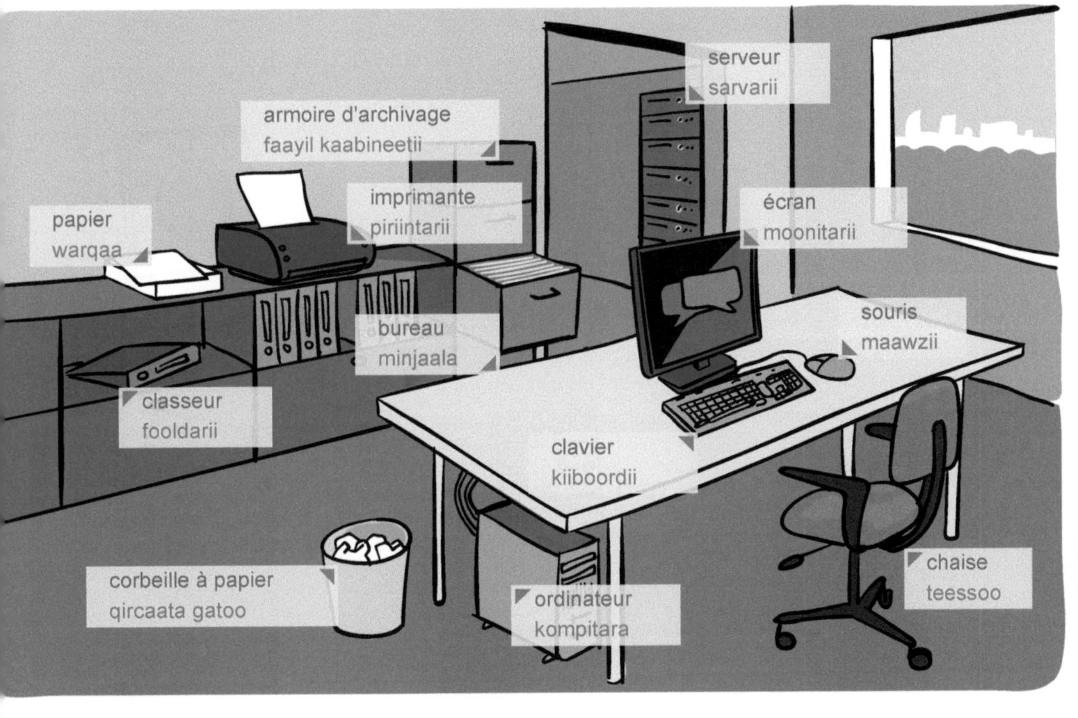

serveur
sarvarii

armoire d'archivage
faayil kaabineetii

imprimante
piriintarii

écran
moonitarii

papier
warqaa

bureau
minjaala

souris
maawzii

classeur
fooldarii

clavier
kiiboordii

corbeille à papier
qircaata gatoo

chaise
teessoo

ordinateur
kompitara

tasse de café

siinii bunaa

calculatrice

herregduu

internet

intarneetii

ordinateur portable

lab tooppii

lettre

xalaya

message

ergaa

portable

mobbyilii

réseau

neetwoorkii

photocopieuse

maashina footokoppii

logiciel

sooft weerii

téléphone

bilbila

prise

sookkeetii suuqii

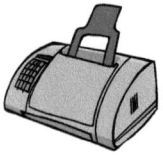

fax

maashina faaksiis

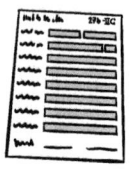

formulaire

uunkaa

document

dookimantii

acheter

bituu

payer

kafaluu

faire du commerce

daldaluu

monnaie

qarshii

dollar

doolaara

euro

yuroou

yen

yen

rouble

ruubilii

franc suisse

Farankaa swwiz

renminbi yuan

yuwaanii reenmiinbii

roupie

ruuppee

distributeur automatique

kaash pooyintii

bureau de change

biiroo de cheenjee

or

warqee

argent

meeta

pétrole

zayita

énergie

human

prix

gatii

contrat

koontiraata

taxe

taaksii

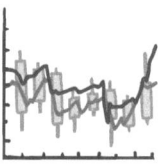

action

shaqaxa

travailler

hojjechuu

employé

qacaramaa

employeur

qacaraa

usine

faabrikaas

magasin

dukkaana

agent de police
qondaala foolisii

pompier
hojetaa balaa abiddaa

cuisinier
bilcheessituu

médecin
doktora

pilote
paayileetii

jardinier

waardiyyaa

menuisier

ogeessa mukaa

couturière

ooftuu jabalaa

juge

abbaa seeraa

chimiste

keemistii

acteur

ta'aa

conducteur de bus

konkolaachisaa

chauffeur de taxi

konkolaachisaataaksii

pêcheur

qurxumii kiyyeessaa

femme de ménage

qulqulleessituu

couvreur

hojetaa baaxii

serveur

keessummeessaa

chasseur

adamisituus

peintre

halluu dibduu

boulanger

tolchituu

électricien

elektrishaana

ouvrier

ijaaraa

ingénieur

injinara

boucher

mana foonii

plombier

hjjetaa ujummoo

facteur

poostaa geessituu

soldat

raayyaa

architecte

arkteektii

caissier

qarshi qabduu

fleuriste

abaaboo gurgurtuu

coiffeur

dabbasaa murtuu

contrôleur

kondaaktara

mécanicien

makaanika

capitaine

kaappiteenii

dentiste

hakiima ilkee

scientifique

saayntiistii

rabbin

rabbi

imam

imaama

moine

moloskee

prêtre

luba

outils

meeshaalee

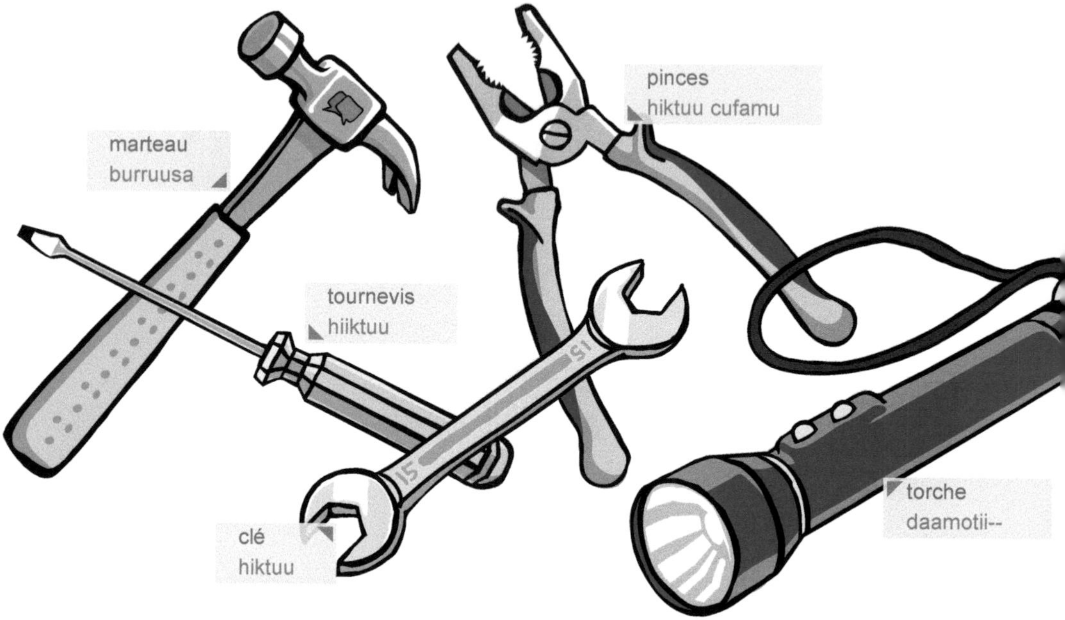

marteau
burruusa
pinces
hiktuu cufamu
tournevis
hiiktuu
clé
hiktuu
torche
daamotii--

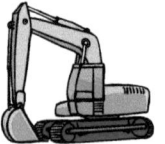

pelleteuse

gasoo

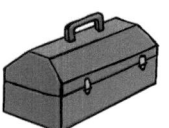

boîte à outils

saanduqa meeshhalee

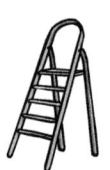

échelle

kortoo

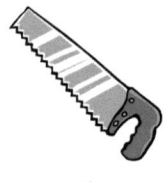

scie

magaazii

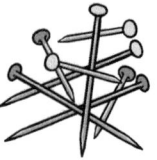

clous

bismaara

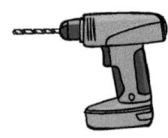

perceuse

diriilii

réparer
suphuu

pelle
akaafaa

Mince !
dhaabi

pelle
gataa balfaa

pot de peinture
qodaa haalluu

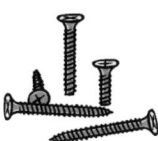

vis
hiktuu

instruments de musique
meeshaalee muuziqaa

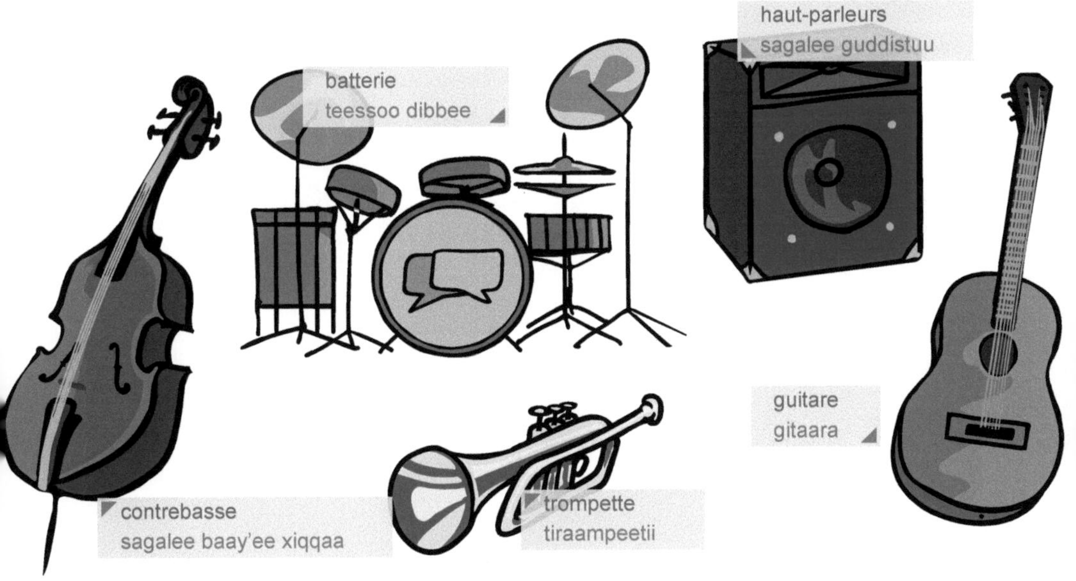

batterie
teessoo dibbee

haut-parleurs
sagalee guddistuu

guitare
gitaara

contrebasse
sagalee baay'ee xiqqaa

trompette
tiraampeetii

piano

piyaanoo

violon

vaayoolinii

basse

sagalee xiqqaa

timbales

timpaanii

tambour

dibbee

piano électrique

kiiboordii

saxophone

saaksi foona

flûte

ulullee

microphone

may craafoona

zoo

dallaa beeladaa

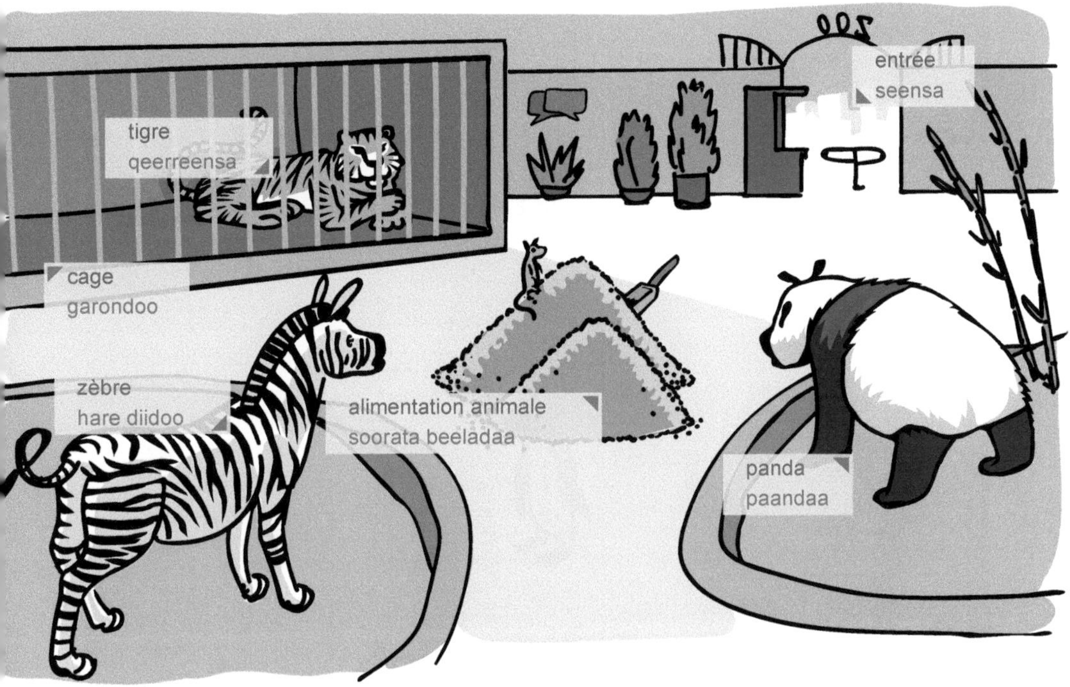
tigre
qeerreensa
entrée
seensa
cage
garondoo
zèbre
hare diidoo
alimentation animale
soorata beeladaa
panda
paandaa

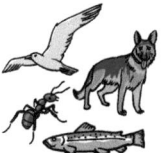

animaux

beeladoota

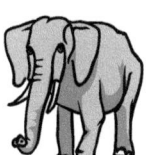

éléphant

arba

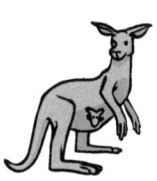

kangourou

kaangaaroo

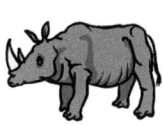

rhinocéros

warseesa

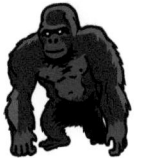

gorille

jaldeessa guddaa

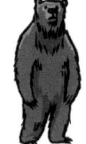

ours

godaa

chameau

gala

autruche

guchii

lion

leenca

singe

jaldeessa

flamand rose

fiilaamingoo

perroquet

simbira dubbattu

ours polaire

diibii poolarii

pingouin

peengyuunii

requin

shaarkii

paon

piikookii

serpent

bofa

crocodile

qocaa

gardien de zoo

eegaa zoo

phoque

chaappaa

jaguar

sanyii qeerensaa

zoo - dallaa beeladaa

poney

farda gabaabduu

léopard

sanyii qeerrensaa

hippopotame

roobii

girafe

sattaawwaa

aigle

culullee

sanglier

ifaannaa

poisson

qurxummii

tortue

qocaa galaanaa

morse

beelada bishaan keessaa

renard

sardiida

gazelle

godaa

american Football
kubbaa miilaa ameerikaa

cyclisme
dargmmii bishkilileettaa

tennis
teenisa

basket-ball
kubba kaachoo

natation
bishaan daakkaa

hockey sur glace
sigigoo cabbie

boxe
aboottoo

football
kubbaa miilaa

badminton
baadmentanii

athlétisme
atileetii

handball
kubba harkaa

ski
skiing

polo
pooloo

activités
sochii

sauter
utaalcha
embrasser
hammachuu
rire
kolfa
marcher
deemuu
chanter
sirbuu
rêver
abjuu
prier
kadhannaa
faire la bise
dhungoo

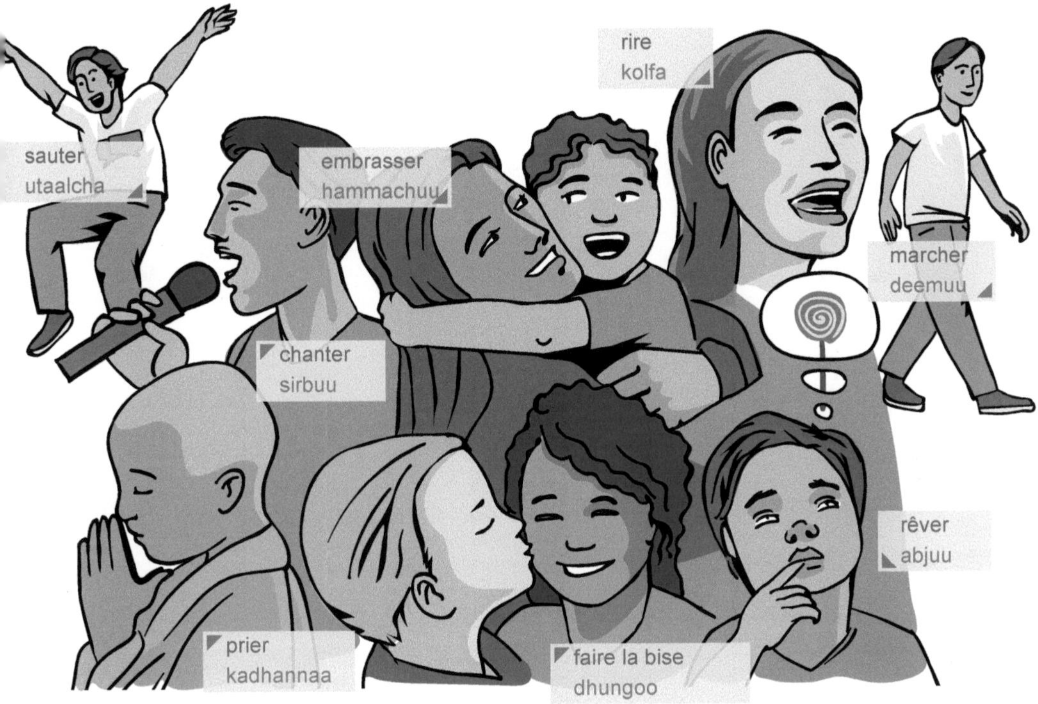

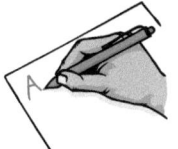

écrire

barreessuu

dessiner

fakkii kaasuu

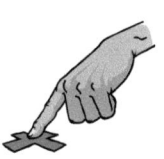

montrer

agrsiisuu

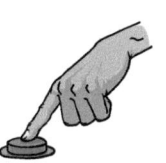

pousser

dhiibuu

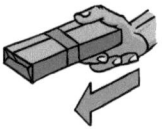

donner

kennuu

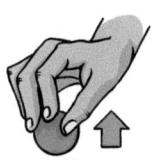

prendre

fudhachuu

avoir

qabaachuu

faire

gochuu

être

ta'uu

être debout

dhaabbachuu

courir

kaachuu

trier

harkisuu

jeter

darbachuu

tomber

kufuu

être couché

soba

attendre

eeguu

porter

baachuus

être assis

taa'uu

s'habiller

uffachuu

dormir

rafuu

se réveiller

dammaquu

regarder
ilaaluu

pleurer
iyyuu

caresser
dhiibbaa dhiigaa

peigner
filuu

parler
haasa'uu

comprendre
hubachuu

demander
gaafachuu

écouter
dhggeeffachuu

boire
dhuguu

manger
nyaachuu

ranger
ol kaasuu

aimer
jaalala

cuire
bilcheessuus

conduire
oofuu

voler
barrisuu

faire de la voile

jabalan

calculer

heerregii

lire

dubbisuu

apprendre

baruumsa

travailler

hojjechuu

se marier

fuudha

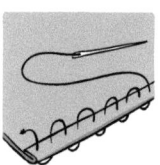

coudre

hodhuu

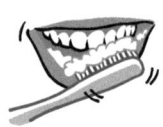

brosser les dents

ilkaan rigachuu

tuer

ajjeecha

fumer

xuuxuu

envoyer

erguu

famille

warra

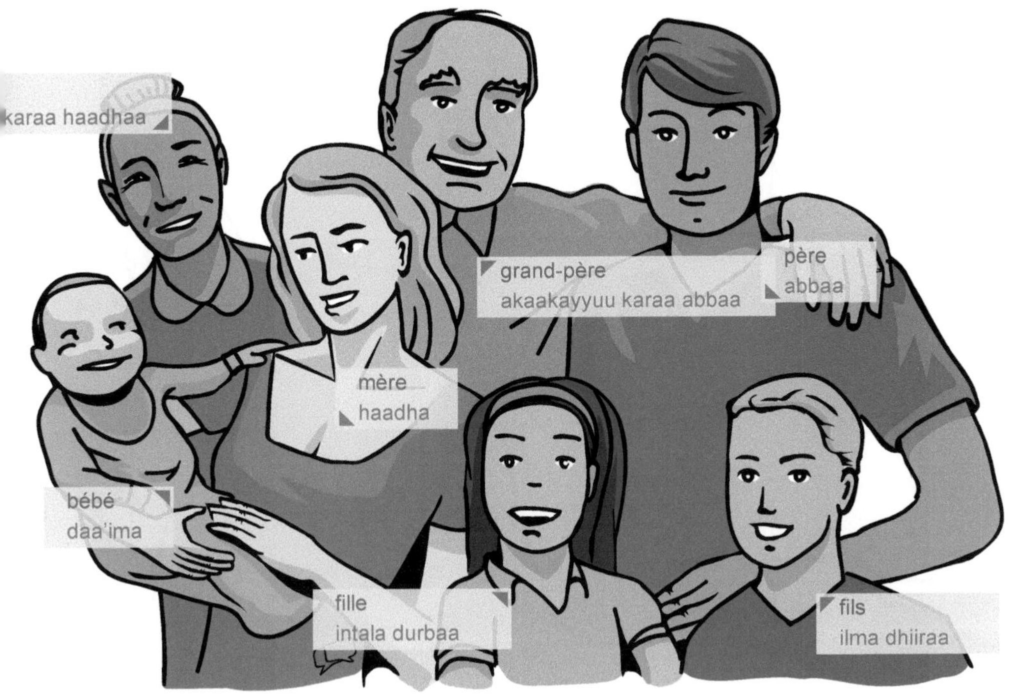

karaa haadhaa
grand-père
akaakayyuu karaa abbaa
père
abbaa
mère
haadha
bébé
daa'ima
fille
intala durbaa
fils
ilma dhiiraa

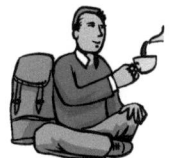

hôte

keessummaas

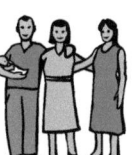

tante

adaadaa

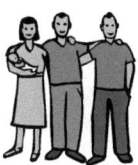

oncle

eessuma

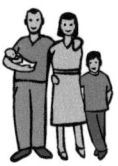

frère

obboleessa

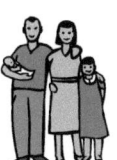

sœur

obboleettii

corps
qaama

front
adda
œil
ija
épaule
ceekuu
doigt
quba
visage
fuula
menton
igicii
main
harka
jambe
luka
poitrine
harma
bras
irree

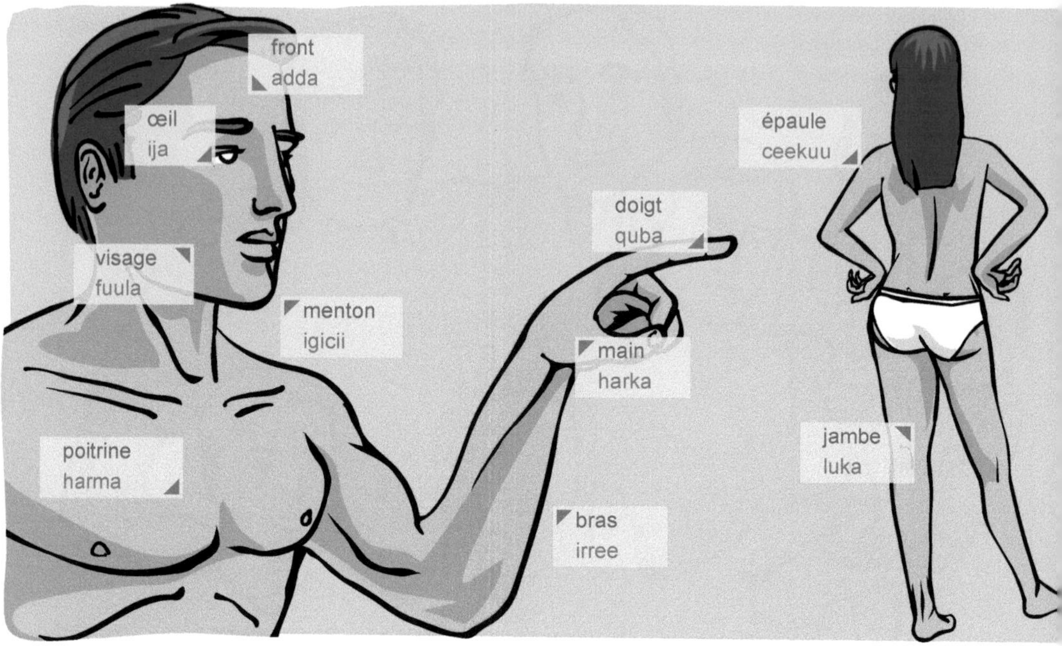

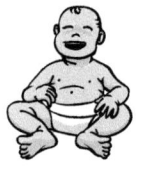

bébé
daa'ima

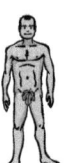

homme
nama

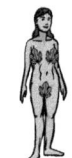

femme
dubartii

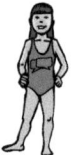

fille
durba

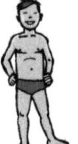

garçon
mucaa

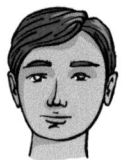

tête
mataa

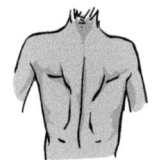

dos

duuba

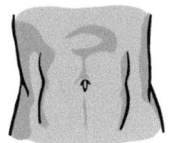

ventre

godhami

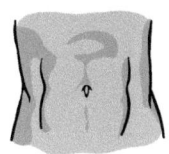

nombril

belly button

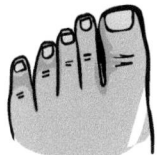

orteil

qubq miilaa

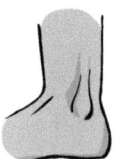

talon

koomee

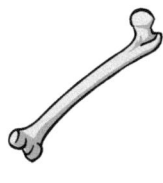

os

lafee

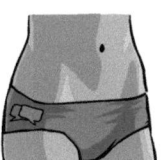

hanche

dirra

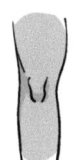

genou

jilba

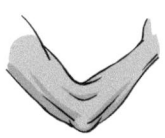

coude

ciqilee

nez

fuunyaan

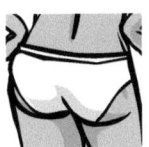

fesses

jala

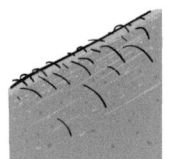

peau

gogaa

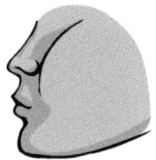

joue

boqoo

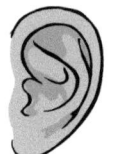

oreille

gurra

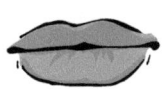

lèvre

hidhii

bouche
afaan

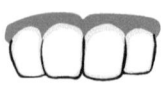

dent
ilkee

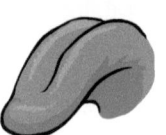

langue
arraba

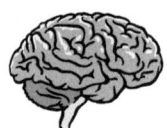

cerveau
sammuu

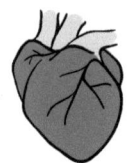

cœur
onnee

muscle
fon irree

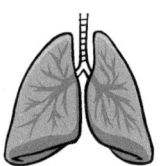

poumons
somba

foie
tiruu

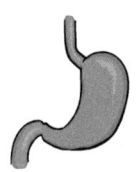

estomac
garaacha

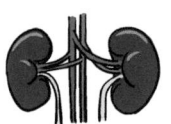

reins
kaleewwan

rapport sexuel
wal qunnamitii saalaa

préservatif
kondomii

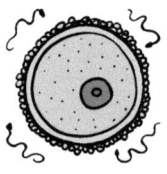

ovule
buphaa dubartii

sperme
mi'oo

grossesse
ulfa

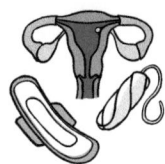

menstruation

laguu ji'aa

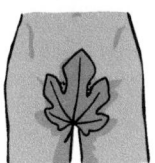

vagin

buqushaa

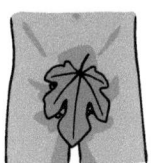

pénis

tuffee

sourcil

laboobbaa ijaa

cheveux

rifeensa

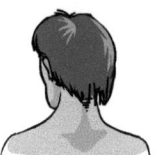

cou

morma

hôpital
hospitaala

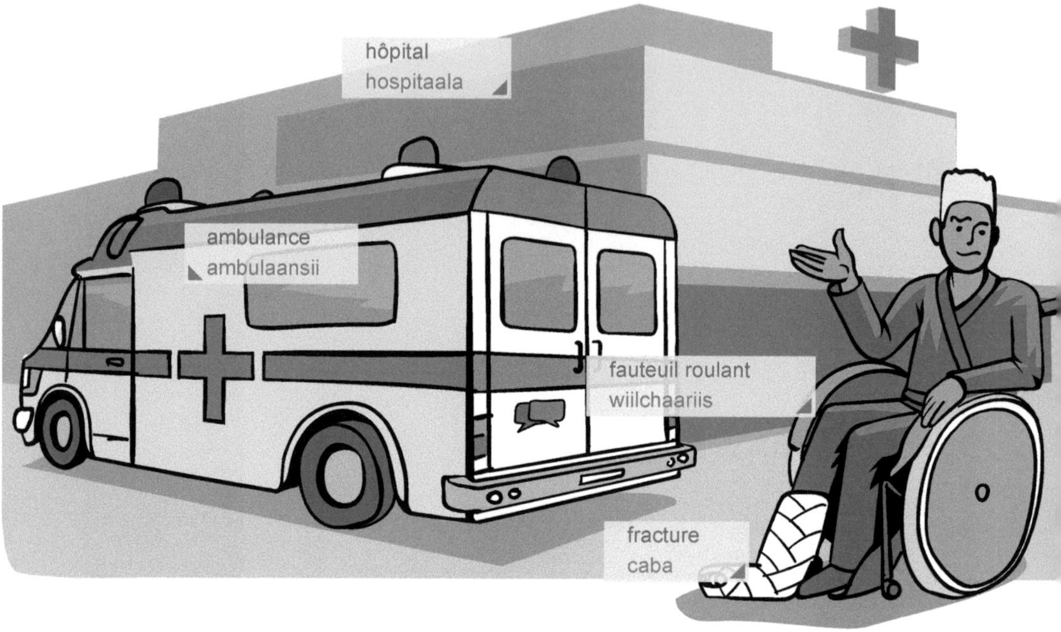

hôpital
hospitaala
ambulance
ambulaansii
fauteuil roulant
wiilchaariis
fracture
caba

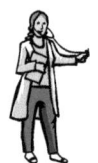

médecin

doktora

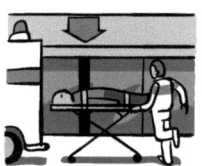

service des urgences

kutaa hatattamaa

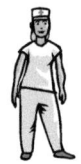

infirmière

narsii

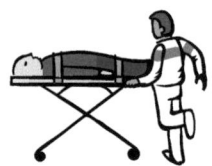

urgence

hatattama

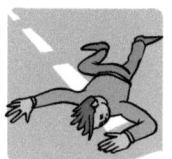

inconscient

kan hin dammaqin

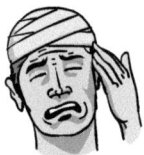

douleur

dhukkubbii

blessure
miidhhaa

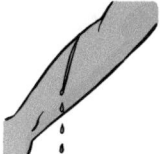

hémorragie
dhiiguu

crise cardiaque
dhukkuba onnee

attaque cérébrale
baay'ina dhiigaa

allergie
hooqxoo

toux
qufaa

fièvre
oo'aa qaamaa

grippe
qufaa

diarrhée
baasaa

mal de tête
bowoo mataa

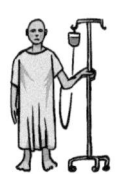

cancer
kaansarii

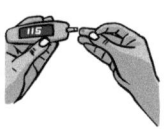

diabète
dhibee sukkaaraa

chirurgien
baqaqsanii hodhuu

scalpel
halbee

opération
hojii

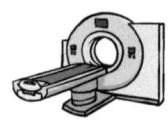

CT
CT

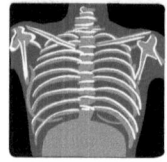

radiographie
raajii

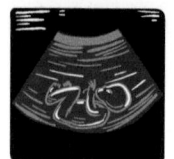

échographie
aaltraasaawandii

masque
haguuggii fuuiaa

maladie
dhukkuba

salle d'attente
kutaa haar galfii

béquille
hirkannaa

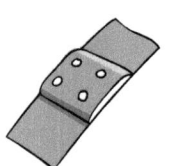

pansement
pilaastara

pansement
baandeejii

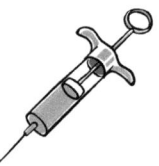

injection
limmoo waraanuu

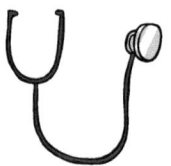

stéthoscope
isteetskooppi

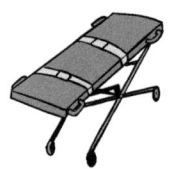

brancard
siree dhukkubsataa

thermomètre
termoo meetira klinikaa

accouchement
dhaloota

surcharge pondérale
ulfaatinaa ol

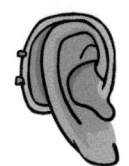

appareil auditif

gargaaraa dhageettii

désinfectant

qoricha aramaa

infection

miidhama keessaa

virus

vaayirasa

VIH / sida

ECH AAIVII / EEDSII

médicament

qoricha

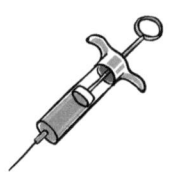

vaccination

talaallii

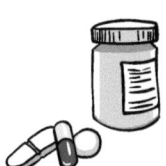

comprimés

kiniinii

pilule

kiniinii

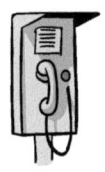

appel d'urgence

waamicha hatattamaa

tensiomètre

too'attuu dhiibbaa dhiigaa

malade / sain

dhukkuba / fayyaa

Au secours !

gargaarsa!

alarme

alaarmiis

assaut

weerara

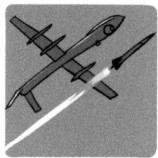

attaque

miidhuu

danger

suukaneessaa

sortie de secours

baha hatattamaa

Au feu!

abidda

extincteur

abidda dhaamisituu

accident

balaa

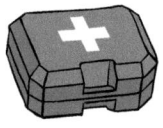

trousse de premier secours

saanduqa gargaasa
calqabaa

SOS

Sii'oosii

police

foolisii

Europe

awurooppaa

Amérique du Nord

ameerikaa kabaa

Amérique du Sud

ameerikaa kibbaa

Afrique

afrikaa

Asie

eesiyaa

Australie

awustraaliyaa

Océan atlantique

atilaantik

Océan pacifique

paasfiik

Océan indien

galaana hindii

Océan antarctique

galaana antaartikaa

Océan arctique

galaana arkitiik

pôle nord

polii kaabaa

terre - dachee

77

pôle sud

polii kibbaa

Antarctique

antaartikaa

terre

dachee

pays

dachee

mer

garba

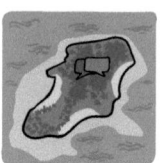

île

odola

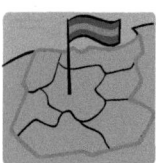

nation

lammii

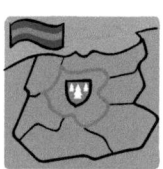

état

kutt biyyaa

cadran

clock face

aiguille des heures

sa'aatii kana

aiguille des minutes

daqiiqaa kana

aiguille des secondes

moofaa

Quelle heure est-il ?

yeroon meeqa ta'ee?

jour

guyyaa

temps

yeroo

maintenant

amma

montre digitale

sa'aatii diiskoo

minute

daqiiqaa

heure

sa'aatii

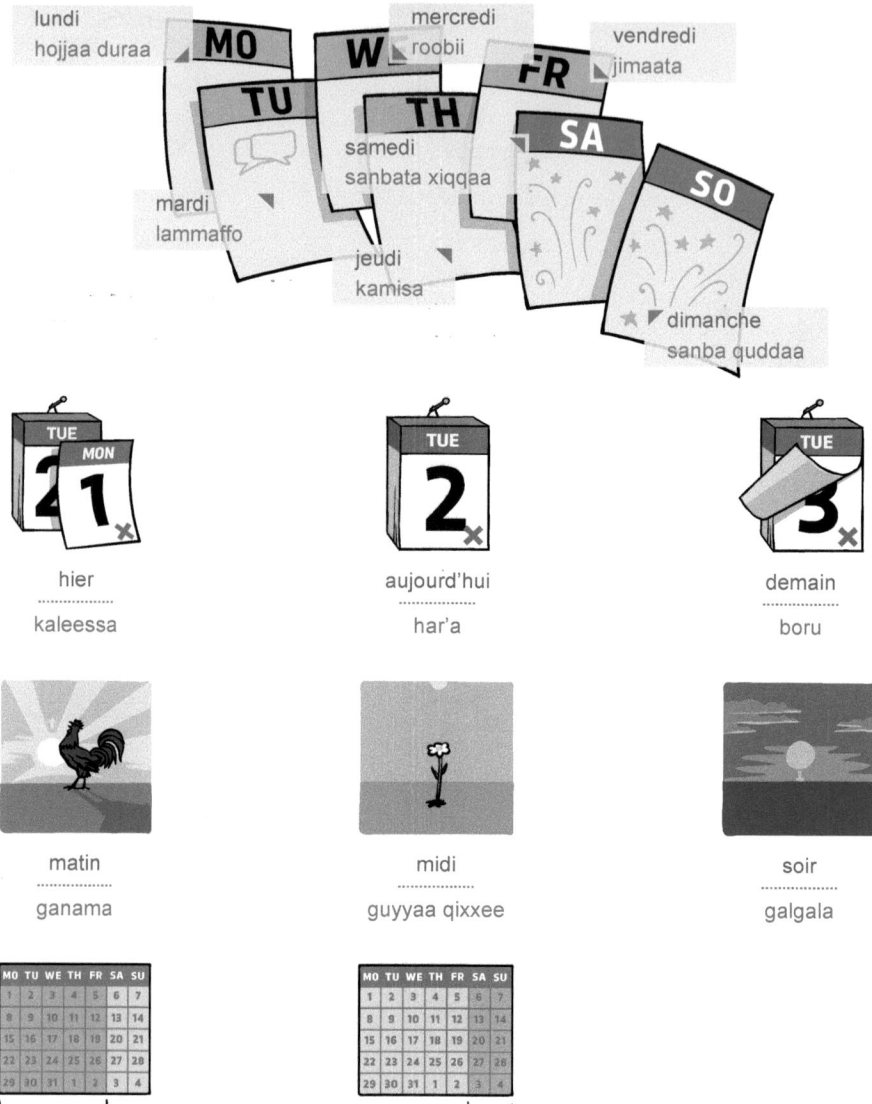

lundi
hojjaa duraa

MO

TU

mardi
lammaffo

W roobii

mercredi
roobii

TH

samedi
sanbata xiqqaa

jeudi
kamisa

FR

vendredi
jimaata

SA

SO

dimanche
sanba quddaa

hier
....
kaleessa

aujourd'hui
....
har'a

demain
....
boru

matin
....
ganama

midi
....
guyyaa qixxee

soir
....
galgala

MO	TU	WE	TH	FR	SA	SU
1	2	3	4	5	6	7
8	9	10	11	12	13	14
15	16	17	18	19	20	21
22	23	24	25	26	27	28
29	30	31	1	2	3	4

jours ouvrables
....
guyyaa hojii

MO	TU	WE	TH	FR	SA	SU
1	2	3	4	5	6	7
8	9	10	11	12	13	14
15	16	17	18	19	20	21
22	23	24	25	26	27	28
29	30	31	1	2	3	4

week-end
....
dhuma forbee

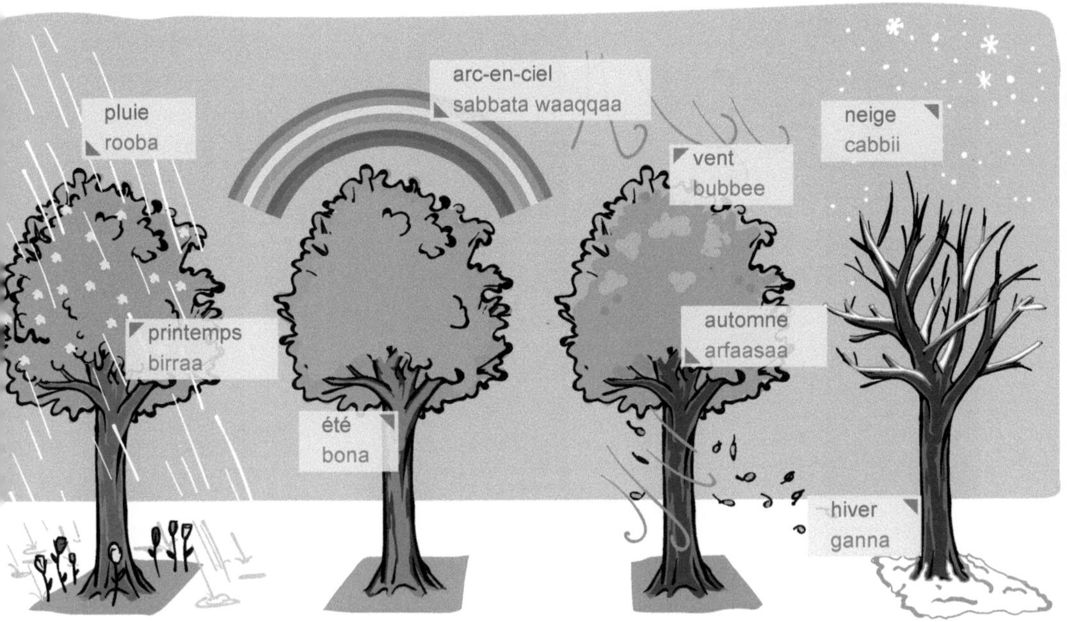

pluie
rooba

arc-en-ciel
sabbata waaqqaa

vent
bubbee

neige
cabbii

printemps
birraa

automne
arfaasaa

été
bona

hiver
ganna

météo

raaga haala qileensaa

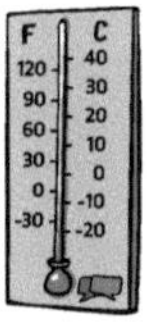

thermomètre

teermoomeetirii

lumière du soleil

baha aduu

nuage

duumessa

brouillard

hurii

humidité

jiidha

foudre

bakakkaa

tonnerre

balaqqee

tempête

dirrisa

grêle

cabbii

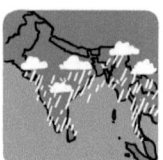

mousson

monsoon

inondation

lolaa

glace

cabbie

janvier

Amajjii

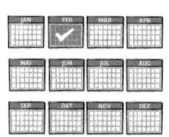

février

Gurraandhala

mars

Bitootessa

avril

Eebila

mai

Caamsaa

juin

Waxabajji

juillet

Adooleessa

août

Hagayya

année - waggaa

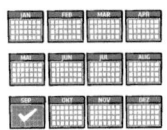

septembre
....
Fulbaana

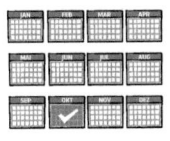

octobre
....
Onkololeessa

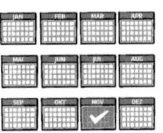

novembre
....
Sadaasa

décembre
....
Muddee

formes
boca

cercle
....
geengoo

carré
....
isqeerii

rectangle
....
rog arfee

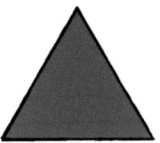

triangle
....
rg sadee

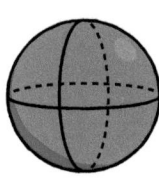

sphère
....
molaalee

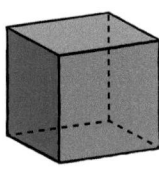

cube
....
kuubii

blanc

adii

jaune

boora

orange

keelloo

rose

boorilee

rouge

diimaa

violet

bunnii

bleu

cuqliisa

vert

magariisa

marron

magaala

gris

bulee

noir

gurraacha

beaucoup / peu

baay'ee / xiqqoo

fâché / calme

aara / gammachuu

joli / laid

bareeda / fokkuu

début / fin

calqaba / xumuura

grand / petit

guddaa / xiqqaa

clair / obscure

ifa / dukkana

frère / soeur

obboleessa / obboleettii

propre / sale

qulqulluu / xurii

complet / incomplet

xumuuramaa / kan hin
xumuuramin

jour / nuit

guyyaa / halkan

mort / vivant

du'aa / jiraa

large / étroit

bal'aa / dhiphaa

comestible / incomestible

kan nyaatamu / kan hin nyaatamne

méchant / gentil

badd / gaarii

excité / ennuyé

gammachuu / ifannaa

gros / mince

furdaa / qal'aa

premier / dernier

calqaba / dhuma

ami / ennemi

michuu / diina

plein / vide

guutuu / duwwaa

dur / souple

sakoruu / lalllaafaa

lourd / léger

ulfaataa / salphaa

faim / soif

beeluu / dheebuu

malade / sain

dhukkuba / fayyaa

illégal / légal

seer malee / seera qabeessa

intelligent / stupide

gaanfuree / dabeessa

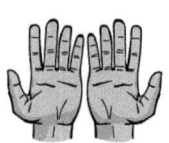

gauche / droite

bitaa / mirga

proche / loin

maddii / fagoo

nouveau / usé

haara'a / moofaa

rien / quelque chose

homma / waan tokko

vieux / jeune

jaarsa / dargaggeessa

marche / arrêt

ibsuu / dhaamsuu

ouvert / fermé

banuu / cufuu

faible / fort

callisuu / sagalee olkaasuu

riche / pauvre

sooressa / hiyyeessa

correct / incorrect

sirrii / dogongora

rugueux / lisse

sokorruu / lallaafaa

triste / heureux

aara / gammachuu

court / long

dheeraa / gabaabaa

lent / rapide

qususaa / collee

mouillé / sec

jiidhaa / goggogaa

chaud / froid

oo'aa / qorraa

guerre / paix

lola / nagaa

0

zéro

duwwaa

1

un / une

tokko

2

deux

lama

3

trois

sadis

4

quatre

afur

5

cinq

shan

6

six

jaha

7

sept

torba

8

huit

saddeet

9

neuf

sagal

10

dix

kudhan

11

onze

kudha tokko

12

douze

kudha lama

13

treize

kudha sadi

14

quatorze

kudha afur

15

quinze

kudha shan

16

seize

kudha jaha

17

dix-sept

kudha torba

18

dix-huit

kudha saddeet

19

dix-neuf

kudha sagal

20

vingt

diigdama

100

cent

dhibba

1.000

mille

kuma

1.000.000

million

maliyoona

anglais

Ingiliffa

anglais américain

Ingiliffa Ameerikaa

chinois mandarin

Mandarinii chaayinaa

hindi

Afaan Hindii

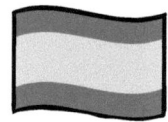

espagnol

Afaan Speen

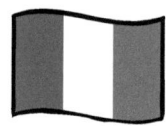

français

Afaan Faransaay

arabe

Afaan Arabaa

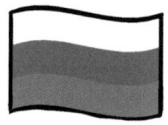

russe

Afaan Raashaa

portugais

Afaan Poortugaal

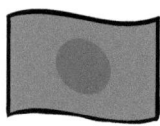

bengali

Afaan Beengaal

allemand

Afaan Jarman

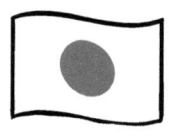

japonais

Afaan Jaappaan

je

ana

tu

si

il / elle / ce, c', cela

isa / ishii / isa / wantootaf

nous

nu'ii

vous

isin

ils / elles

isan

Qui ?

eenyuu?

Quoi ?

maal?

Comment ?

akkamitti

Où ?

eessa?

Quand ?

hoom?

nom

maqaa

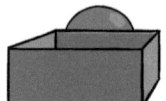

derrière

duuba

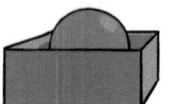

dans

keessa

devant

fuldura

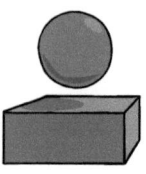

au-dessus

irra

sur

gubbaa

en-dessous

jala

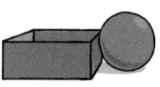

à côté de

maddii

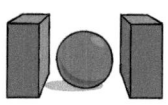

entre

gidduu

lieu

bakkee